BEI GRIN MACHT SICH IHR WISSEN BEZAHLT

- Wir veröffentlichen Ihre Hausarbeit, Bachelor- und Masterarbeit
- Ihr eigenes eBook und Buch - weltweit in allen wichtigen Shops
- Verdienen Sie an jedem Verkauf

Jetzt bei www.GRIN.com hochladen und kostenlos publizieren

Bibliografische Information der Deutschen Nationalbibliothek:

Die Deutsche Bibliothek verzeichnet diese Publikation in der Deutschen Nationalbibliografie; detaillierte bibliografische Daten sind im Internet über http://dnb.d-nb.de/ abrufbar.

Dieses Werk sowie alle darin enthaltenen einzelnen Beiträge und Abbildungen sind urheberrechtlich geschützt. Jede Verwertung, die nicht ausdrücklich vom Urheberrechtsschutz zugelassen ist, bedarf der vorherigen Zustimmung des Verlages. Das gilt insbesondere für Vervielfältigungen, Bearbeitungen, Übersetzungen, Mikroverfilmungen, Auswertungen durch Datenbanken und für die Einspeicherung und Verarbeitung in elektronische Systeme. Alle Rechte, auch die des auszugsweisen Nachdrucks, der fotomechanischen Wiedergabe (einschließlich Mikrokopie) sowie der Auswertung durch Datenbanken oder ähnliche Einrichtungen, vorbehalten.

Impressum:

Copyright © 2016 GRIN Verlag
Druck und Bindung: Books on Demand GmbH, Norderstedt Germany
ISBN: 9783668904439

Dieses Buch bei GRIN:

https://www.grin.com/document/459353

Benjamin Schmidt

Sprache als Faktor für Inklusion und Exklusion. Anlehnung an die Berufsfelder Pflege und Soziale Arbeit

GRIN Verlag

GRIN - Your knowledge has value

Der GRIN Verlag publiziert seit 1998 wissenschaftliche Arbeiten von Studenten, Hochschullehrern und anderen Akademikern als eBook und gedrucktes Buch. Die Verlagswebsite www.grin.com ist die ideale Plattform zur Veröffentlichung von Hausarbeiten, Abschlussarbeiten, wissenschaftlichen Aufsätzen, Dissertationen und Fachbüchern.

Besuchen Sie uns im Internet:

http://www.grin.com/

http://www.facebook.com/grincom

http://www.twitter.com/grin_com

Sprache als Faktor für Inklusion bzw. Exklusion an der Frankfurt University of Applied Sciences in Anlehnung an die Berufsfelder Pflege und Soziale Arbeit

Inhaltsverzeichnis

Deckblatt

Inhaltsverzeichnis

1 Problematik, Fragestellung
2 Definition Behinderung, Bedeutung Sprache und Inklusion/ Exklusion
3 Datenerhebung
4 Datenauswertung
5 Interpretation
6 Ergebnisse, Ausblick, Reflexion
7 Literatur

1. Problematik

„Sprache ist der Schlüssel zur Welt."

(Wilhelm von Humbolt 1767-1835)

„Die Sprache ist die Mitte, in der sich die Verständigung der Partner und das Einverständnis über die Sache vollzieht."

(Gadamer 1960, 361)

1. Fragestellung

Forschungsfrage:

Wie wirkt sich Sprache an der Frankfurt University of Applied Sciences als Faktor für Inklusion bzw. Exklusion aus?

Methoden zur Beantwortung:

> Interviews mittels Tonbandaufnahmen

> Schriftliches Interview/ Fragenkatalog

> Beobachtende Teilnahme

Zielgruppe: Gehörlose Person, LRS- und Depressions-Betroffener, Person mit MHG

2 Definition Behinderung, Bedeutung Sprache und Inklusion/ Exklusion

Ausgrenzende Mechanismen vor Datenerhebung:

- Lehrende thematisierten nicht, dass es Möglichkeiten gibt, Menschen mit LRS besser zu bewerten.
- **LRS Betroffene** und **Menschen mit MHG** werden bei der **Notenvergabe benachteiligt**.
- Menschen mit der **Diagnose Depression und Gehörlose** haben Schwierigkeiten in Gruppen **aufgenommen und akzeptiert** zu werden (Ausflüge, Lerngruppen, Freundschaften).

2 Definition Behinderung, Bedeutung Sprache und Inklusion/ Exklusion

Bedeutung der Sprache als Faktor für Inklusion/ Exklusion:

- Menschen *bewerten, etikettieren oder stigmatisieren* andere Personen mittels Sprache (Spirig 2001, 83f).
- Wenn Menschen **Missstände benennen können**, haben sie *die Möglichkeit diese zu verändern*.
- Soll Inklusion an der Fra UAS gelingen, so müssen *Missstände im Kontext Sprache angesprochen und verändert werden* (Bartholomeyczik 1997, 11).
- Bei **Einverständnis (Vermeidung Benachteiligung)** zwischen Betroffenen und Umfeld → führt Sprache die Benachteiligten zur **sozialen Mitte**
- Neben Berührung ist Sprache das **wichtigste Werkzeug** in der Pflege und sozialen Arbeit

→ Ausdruck der Professionalität (Spiller 2000, 1)

2 Definition Behinderung, Bedeutung Sprache und Inklusion/ Exklusion

- **Def. Sprache:** ...ist ein System von Zeichen mit einer bestimmten Einheit, dass der menschlichen Gesellschaft als Kommunikationsmittel und als Instrument des begrifflichen Denkens dient (Geyken 2016, 1).

- **Def. Exklusion:** Externe Beeinträchtigung von Lebenschancen durch **physische Ausschließung** (z.B. räumliche Trennung), **psychische und/oder soziale Ausschließung von Ressourcen, die andere monopolisiert haben** (Kronauer 2010, 25ff).

- **Verständnis von Inklusion:** Prozess des Eingehens auf die **Verschiedenheit des Bedarfs** aller (lernenden) Menschen gesehen (Wansing 2015, 46).

- **Verständnis von Behinderung: Funktionelle Schädigungen** oder Krankheiten führen zur Beeinträchtigungen

- Wobei nicht die Beeinträchtigung, sondern die soziale Umwelt entscheidet, ob eine Person in ihrer Entwicklung **behindert wird** (Lanwer 2010, 6)

3. Datenerhebung/ Einverständnis zur Teilnahme am Interview

Sehr geehrte/r Teilnehmer/in,

Wir möchten Sie gerne zu ihrer Meinung, den erlebten Empfindungen und zu ihren Erfahrungen befragen. Die Teilnahme am Gespräch ist freiwillig. Sie können das Interview jederzeit und ohne Angabe von Gründen abbrechen.

Es entstehen Ihnen keine Nachteile, wenn Sie nicht am Interview teilnehmen, bzw. wenn Sie das Interview abbrechen, oder zu einem späteren Zeitpunkt die gegebene Einverständnis widerrufen. Bei späterer Widerrufung werden Ihre Daten gelöscht.

Wir versichern Ihnen, dass Ihre Informationen von uns vollkommen anonymisiert werden und nicht mit Ihrem Namen in Verbindung gebracht werden können. Das Interview wird transkribiert. Anschließend wird die Aufnahme gelöscht.

Kopien der Aufnahme werden nicht erstellt. Ihre Daten werden im Rahmen einer Projektarbeit des Studium generale anonymisiert und anschließend ausgewertet. Diese können sich dann anonymisiert im Projektbericht wiederfinden.

Thema der Befragung:

Wie wirkt sich eine vorhandene Sprachfremdheit auf Studierende der Fra UAS aus?

Kommt es zur Inklusion oder zur Exklusion?

Wie und wo macht sich eine evtl. Benachteiligung bemerkbar?

Fühlen Sie sich durch die vorhandene Sprachfremdheit ausgeschlossen?

Entstehen Ihnen dadurch Nachteile und was müsste passieren, damit diese aufgehoben werden können?

Ich wurde über Inhalt und Vorhaben, sowie Ablauf des Interviews ausreichend informiert und hatte genug Zeit darüber nachzudenken. Ich konnte zu Inhalt und Ablauf des Interviews, sowie zum Schutz meiner persönlichen Daten Fragen stellen. Die Informationen habe ich verstanden und akzeptiere sie.

Vielen Dank für Ihre Teilnahme!

3. Datenerhebung/ Erstellung Interviewleitfäden

6 Schritte Prozess nach Boger (Boger 2014, 32ff)

- **Sammlung und Systematisierung** durch Stichpunkte mit Mindmap → offene Fragen → Stichpunkte bleiben bestehen oder werden verworfen

- **Methodenspezifizierung** → Festlegung der Interview-Form → Experteninterview

- **Gruppierung** → Fragen sortieren und in Themenblöcke zusammenfassen → jeder Themenblock → Oberbegriffe, Stichpunkte oder Leitfragen

- **Entwurf von Leitfadenfragen** → Ziel: freie Erzählungen zur Forschungsfrage anregen

- **Differenzierung von Fragetypen** → Entscheidung: Welche Frage als Hauptfrage und Nebenfrage?

- **Pretest** → Verzicht, aufgrund zu geringer Anzahl von Probanden

3. Datenerhebung/ Erstellung Interviewleitfäden

Orientierungshilfe für das narrative Interview

Leitfrage: Führt Sprachfremdheit ihrer Meinung nach zum sozialen Ausschluss? Wenn ja wie und wo? Wie haben Sie es erlebt? Wie sind Ihre Erfahrungen mit der HS?

Allgemein: Wo kommen Sie her? Wie wurden Sie in Deutschland aufgenommen?

Seit wann leben Sie in Deutschland? Wie war die Anreise bzw. das Ankommen?

Wie und wo haben Sie die deutsche Sprache gelernt? Wie lange hat es gedauert?

Gab es Probleme mit der Sprache? Sprechen Ihre Familienmitglieder deutsch?

War es schwer Anschluss und Freunde zu finden?

Hochschule: 1. Wie funktionierte das Einschreiben ins Studium? Waren die Formulare in ihrer Heimatsprache?

Haben Sie Unterstützung bei der Einschreibung bekommen? Von HS, anderen Stud.? Wurden Sprachkurse angeboten? Als nein, wie könnten diese aussehen?

Wird aufgrund ihrer Sprachfremdheit bei Klausuren, Hausarbeiten und Präsentationen Rücksicht genommen? Entsteht ein Vorteil, oder fühlen Sie sich benachteiligt? Haben Sie mit Lehrenden über Sprachprobleme gesprochen?

Wünschen Sie sich Unterstützung zur Verbesserung der deut. Sprache? Bekommen sie Unterstützung bei Prüfungen durch Prof. und andere Stud.? Falls nein, wie könnte diese Unterstützung aussehen? *Alle Wünsche möglich*

Kennen Sie den Nachteilsausgleich? Wurden Sie darüber informiert?

Fühlen sie sich durch Sprachfremdheit ausgegrenzt oder benachteiligt? Wenn ja, wodurch genau? *Was muss die Hochschule tun, damit.....funktioniert? Struktur*

Berufsfeld Pflege: 1. Wo findet ihrer Meinung nach Ausgrenzung durch Sprache/ Sprachfremdheit in der Pflege statt? Oder wo findet keine Sprache statt und somit Ausgrenzung? Personal mit MHG?

Wie haben Sie Sprachfremdheit und Ausgrenzung erlebt oder Ideen dazu? Z.B. durch Praktikum, Hospitation und Nebenjob Was muss sich ändern und wie? in Praxis?

3. Erhebung/ Durchführung Tonbandaufnahmen, Transkriptionen

Interview Form: Experteninterview (Erfahrungen, Wissen und Erlebnisse)

Narrativer Interviewstil: (weiche Gesprächsform), Offenheit und Flexibilität (Lamnek 2010, 350)

Erzählperson hat Rederecht, Interviewer hält sich zurück (vgl. Helfferich 2011, 36)

→ Nicht unterbrechen → Nachfragen nur wenn Erzählung inhaltlich stockt

Halb-/teilstandardisierter Interviewleitfaden:

Breites Spektrum, dennoch flexibel (Hopf 2000, 177f; Flick 1996, 99ff, 112ff)

Frei erzählen, trotzdem Orientierungshilfe

Gliederung des Interviews: Einstiegs-, Haupt- und Abschlussphase (Mayer 2015, 220; Froschauer, Lueger 2003, 69)

Transkription der Audiodateien: mit Anonymisierung

normales Schriftdeutsch mit Dialektfärbungen (Kuckartz 2010, 43; Mayring 2002, 92)

Transkriptionsregeln von Kallmeyer und Schütze 1976, 6

3. Datenerhebung/ Fragekomplex schriftliches Interview

Schriftliches Interview mit einer gehörlosen Person

1. Musstest du beim Einschreiben fürs Studium irgendwas beachten bzw. deine Erkrankung mitangeben?
2. Wird aufgrund deiner Hörbehinderung in den Seminaren und Prüfungen (Referat, mündliche Prüfungen) Rücksicht genommen? Entsteht ein Vorteil oder fühlst du dich benachteiligt?
3. Wünscht du dir Unterstützung zur Verbesserung der Situation von Gehörlosen, durch die Hochschule? Bekommst du Unterstützung bei Prüfungen durch Prof. und anderen Studierenden? Falls nein, wie könnte diese Unterstützung aussehen? (Alle Wünsche und Verbesserungen sind möglich)
4. Kennst du den Nachteilsausgleich? Wurdest du darüber informiert?
5. Kann Hörbehinderung, deiner Meinung nach, zum sozialen Ausschluss führen? Wenn ja wie und wo? Wie hast du es erlebt? Wie sind deine Erfahrungen an der FH?
6. Wie sieht es in der Praxis aus? Welche Barrieren hast du in der Praktikumsfindung gehabt und welche könnten bei der Suche des Anerkennungsjahres auftreten?
7. Müssen die „Übersetzer" immer selbst gezahlt werden? Oder gibt es da ein bestimmtes Limit was die FH bezahlt? (Wenn ja, wie genau sieht das aus?)
8. Fühlst du dich zu Beginn des Studiums genug über die Prüfungsleistungen aufgeklärt und durch die FH unterstützt?

3. Datenerhebung/ Beobachtende Teilnahme

4 x beobachtende Teilnahme (in Vorlesung) einer gehörlosen Person

Ermöglichte Rekrutierungszugang für die schriftliche Befragung

Erkenntnisse der Beobachtungen **halfen bei der Formulierung offener Fragen**

Die gehörlose Person entschied sich für eine schriftliche Stellungnahme, weil sie die Dolmetscher selbst bezahlen muss.

Außerdem erfolgte eine persönliche Befragung des Behindertenbeauftragten

4. Datenauswertung

Inhaltsanalyse n. Mayring

Ziel: Gewinnung von Faktoren bezüglich der Sprache unter Betracht von Inklusion und Exklusion

- Zusammenfassende Inhaltsanalyse
- Analyseeinheiten
- Abstraktionsniveau
- Reduktion

Person	Nr.	Seite, Zeile	Code	Paraphrase	Generalisierung
A	16	S2, Z58	„Aber ich geh damit nicht hausieren, dass soll keiner wissen."	Der Betroffene ging nicht offen mit der LRS um.	Betroffene wollen die LRS nicht offenbaren.

4. Datenauswertung

Person	Nr.	Generalisierung	Kategorie (Kat.)
A	3	Eine LRS fällt nur Korrektoren auf.	
B	56	Präsentationen auf Deutsch fallen Studenten/innen mit Migrationshintergrund schwer.	Kat. 1 Prüfungsleistungen
A	15	Gespräche zum Nachteilsausgleich finden nicht statt.	
A	37	Es müsste keinen Nachteilsausgleich geben, wenn nur Inhalt und nicht Rechtschreibung benotet würde	Kat. 2 Nachteilsausgleich
B	58	Studenten helfen sich untereinander	
B	60	Professoren bieten Unterstützung an	Kat. 3 Unterstützung
A	36	Fehlendes Selbstvertrauen der LRS-Betroffenen führt zu dessen Rückzug.	
B	53	Auf der Arbeit entstehen Kontakte zu Kollegen	Kat. 4 Soziale Kontakte
A	43	Gespräche im Team sind wichtig für den Zusammenhalt.	Kat. 5 Kommunikation

5. Interpretation

1. *Lese-Rechtschreib-Schwäche*

- nicht sichtbar für die Gesellschaft – kein direkter Ausschluss
- Manche „Professor_Innen/ Kommiliton_Innen nehmen das „Problem" nicht wahr
- Nachteilsausgleich nicht wirklich hilfreich
- Keine Infos von der FH über Punkteabzüge wegen „LRS" bekommen
- Rückzug der „Betroffenen" wegen Schamgefühl
  - dadurch eigene geringe Erwartungshaltung und Kontaktschwierigkeiten

5. Interpretation

2. Depressionen

- wenig Wissen Seitens der Professor_Innen und Kommiliton_Innen führt zu Missverständnissen und Ausschluss
- Zu wenig Fachwissen Seitens der Professor_Innen / psychosozialen Stelle
- Kein Nachteilsausgleich (Mehr Selbstbestimmung)
- Betroffene isolieren sich selbst (Scham und Reaktion der Gesellschaft)

5. Interpretation

3. Migrationshintergrund

- Freundschaften helfen in der FH
- Kommiliton_Innen helfen manchmal
- Gelegentliche Unterstützung durch Professor_Innen
- - mehr ist erwünscht
- Unterricht zu schnell, dadurch Benachteiligung
- Englisches Formular von der FH für Ausländische Bewerber
- wegen Schamgefühl wenig nach Hilfe fragen
- Generell viel Schamgefühl gegenüber Mitstudierenden

5. Interpretation

4. Gehörlosigkeit

- Werden über Nachteilsausgleich von Behindertenbeauftragten informiert und weiterhin von Prüfungsausschuss unterstützt
- Dolmetscher nicht von der FH bezahlt – kein ausschließender Mechanismus
- Fehlendes Wissen über Gebärdensprache an der FH
  - Ausschlussgefühl auf Partys und Veranstaltungen
- Dolmetscher müssen außerplanmäßig selbst gezahlt werden

5. Interpretation
Zusammenfassung

- *Alle 4 „Bereiche" weisen ausschließende Mechanismen auf*
- *Kreislauf: Wechselseitiges Verhalten (Fremd-/Selbstausgrenzung)*
- *Unwissenheit wird zur Exklusion durch verschiedene Faktoren*
  - *Missverständnisse*   - *keine Rücksicht*   - *kein Änderungsbedarf*
  - *Rückzug*   - *Verheimlichung*
- *„Depressionen" werden am wenigsten unterstützt an der FH*
- *Unterstützung durch Nachteilsausgleiche und Informationsstellen usw. - ausbaufähig*
- *Alle haben Bedenken über Ausschluss durch „Defizite" in zukünftigen Berufslebens - Mehr qualitative und quantitative Forschung dazu nötig*

6. Ergebnisse, Ausblick, Reflexion

- Unsere Datenlage hat gezeigt, dass Sprache – im Rahmen der Hochschule – zu Exklusion führen kann.
- Mängel Nachteilsausgleich → nicht informiert, nicht alle profitieren davon
- Studie (Unger 2012)
→ Ablehnungsgründe Nachteilsausgleich:
- 39% der bef. Studierenden gaben an, dass Lehrende nicht bereit sind, Lehrroutinen zu ändern
- 38% Nachteilsausgleich als nicht vereinbar mit der Studien-Prüfungsordnung angesehen
- 35% Beeinträchtigung nicht als Grund akzeptiert

6. Ergebnisse, Ausblick, Reflexion

Verzicht auf Beantragung von Nachteilsausgleich (Unger 2012):

- 57 % der Befragten gaben an, dass die Möglichkeit eines Nachteilsausgleich unbekannt ist
- 44 % will keine „Sonderbehandlung"
- 43 % Glaube, nicht berechtigt zu sein
- 37 % Hemmungen, mich an Lehrende zu wenden
- 33 % will nicht das Beeinträchtigung bekannt wird
- 32 % Hemmungen mich an das Prüfungsamt zu wenden
- 31 % war nicht sicher, ob anspruchsberechtigt oder Antrag Chancen hat
- 26 % wusste niemand für Unterstützung/Beratung

6. Ergebnisse, Ausblick, Reflexion

- Studie deckt sich mit unseren Ergebnissen
- Menschen die von einer Benachteiligung betroffen sind, trauen sich häufig nicht über ihre Probleme zu sprechen. Sich „trauen" steckt im Wort „Vertrauen" (Spiller 2000, 141).

6. Ergebnisse, Ausblick, Reflexion

Mögliche Lösungsansätze:

→ Eingehen auf die individuell-verschiedenen Bedarfe der Sprachförderung

→ Anbieten von vertraulichen Gesprächen durch Lehrende

- Tabuisierung vermeiden
- Frühzeitige Aufklärung über Rechte und Nachteilsausgleich
- Sensibilisierung Hochschule
- Öffentlichkeitsarbeit

6. Ergebnisse, Ausblick, Reflexion

Diversity-Modell Goethe Universität:
- Untersuchung von ausgrenzenden Mechanismen an der Hochschule
- Ermöglichung der gleichen Zugangs- und Erfolgschancen
- Veränderungen der Rahmenb., Gleichstellung der Individuen
- Ständige Evaluation der Gleichstellungsmaßnamen
- Durch Öffentlichkeitsarbeit sensibilisieren für Gender- und Diversity-Aspekte
- Vernetzung und Austausch mit anderen Hochschulen

6. Ergebnisse, Ausblick, Reflexion

Arbeitsfeld Soziale Arbeit/Pflege

→ Politisch aktiv werden, Veränderungen anstreben, Bedingungen anprangern, z.B. über Gewerkschaft
→ Entwickeln einer eigenen kritischen Position

7. Literatur

Bartholomeyczik, S. (1997): Nachdenken über Sprache. Professionalisierung der Pflege. In: Angelika A.-Z. (Hrsg.): Sprache und Pflege. Berlin: Ulstein

Bogner, Alexander (2014): Interviews mit Experten. Qualitative Sozialforschung. Eine praxisorientierte Einführung. Wiesbaden: Springer Fachmedien.

Flick, Uwe (1996): Qualitative Forschung. Theorien, Methoden, Anwendung in Psychologie und Sozialwissenschaften. 2. Auflage. Reinbek b. Hamburg: Rowohlt

Froschauer, U.; Lueger, M. (2003): Das qualitative Interview. Stuttgart: UTB

Gadamer, H.G. (1960): Wahrheit und Methode. Tübingen: Mohr Siebeck Verlag

Geyken, A. (2016): DWDS: Digitales Wörterbuch der deutschen Sprache. URL: http://www.dwds.de/?qu=Sprache 3.6.2016

Goethe Universität (o.j.): Diversity-Konzept 2011-2014. Online im Internet: https://www.uni-frankfurt.de/47793325/Diverity-Konzept_Homepage.pdf [Stand: 05.07.2016].

Helfferich, Cornelia (2011): Die Qualität qualitativer Daten. Manual für die Durchführung qualitativer Interviews. 4. Auflage. Wiesbaden : VS Verlag

Hopf, C. (2000): Forschungsethik und qualitative Forschung. In: Uwe, F.; Ernst v. K., Ines, S.(Hrsg.): Qualitative Forschung. Ein Handbuch. Reinbek b. Hamburg: Rowohlt, 589-600

7. Literatur

Kallmeyer, W., Schütze, F. (1976). Konversationsanalyse. Studium Linguistik, 1, 1–28.

Kronauer, Martin (2010): Inklusion - Exklusion. Eine historische und begriffliche Annäherung an die soziale Frage der Gegenwart. In: Martin K. (Hrsg.): Inklusion und Weiterbildung. Reflexionen zur gesellschaftlichen Teilhabe in der Gegenwart. Bielefeld: Bertelsmann, S. 24– 58. Online verfügbar unter http://www.pedocs.de/ 1.6.2016

Kuckartz, U. (2010): Einführung in die computergestützte Analyse qualitativer Daten. 3. aktualisierte Auflage. Wiesbaden: VS Verlag Lamnek, S. (2010): Qualitative Sozialforschung. Weinheim: Beltz

Lamnek, S. (2010): Qualitative Sozialforschung. Weinheim: Beltz

Lanwer, W. (2010): Rehistorisierende Diagnostik. Erkennen, Erklären, Verstehen. Als PDF im Netz.
URL: www.lagwohnen.de/~upload/documents/669_lag25032010_lanwer.pdf

Mayer, Hanna (2015): Pflegeforschung anwenden. Elemente und Basiswissen für das Studium. 4. Auflage. Wien: Facultas

Mayring, Philipp (2002): Einführung in die qualitative Sozialforschung. Weinheim/Basel: Beltz, 5. Auflage

Spiller, A. (2000): Sprache und Pflege untersucht am Beispiel der Pflegedokumentation. In: Pflegewissenschaft 5, 132 – 142.

7. Literatur

Spririg, R. (2001): Editorial. In: Pflege. 14, 83 – 84.

Unger, Martin (2012): beeinträchtigt studieren. Datenerhebung zur Situation Studierender mit Behinderung und chronischer Krankheit 2011. IBS Fachtagung 14.06.2012. Berlin. Online im Internet: https://www.studentenwerke.de/sites/default/files/ibs_ft_beeintraechtigt_studieren_unger.pdf [Stand: 12.07.16].

Wansing, Gudrun (2015): Was bedeutet Inklusion? Annäherungen an einen vielschichtigen Begriff. In: Theresia, D.; Ulrike, D. (Hrsg.): Handbuch Behindertenrechtskonvention. Teilhabe als Menschenrecht. Inklusion als gesellschaftliche Aufgabe. Schriftenreihe der Bundeszentrale für politische Bildung, Bd. 1506, Bonn. S. 43-54.

Vielen Dank für die Aufmerksamkeit

BEI GRIN MACHT SICH IHR WISSEN BEZAHLT

- Wir veröffentlichen Ihre Hausarbeit, Bachelor- und Masterarbeit

- Ihr eigenes eBook und Buch - weltweit in allen wichtigen Shops

- Verdienen Sie an jedem Verkauf

Jetzt bei www.GRIN.com hochladen und kostenlos publizieren